AF482838

LE VALET RUSÉ,

OU

ARLEQUIN MUET,

COMÉDIE-PARADE,

EN UN ACTE, ET EN PROSE;

Par M. V. L. G.

Le prix est de 1 liv. 4 sols.

A PARIS,

Chez CAILLEAU, Imprimeur - Libraire,
rue Galande, N°. 64.

M. DCC. LXXXVI.

PERSONNAGES.	ACTEURS.

CASSANDRE.	M. Duval.
ISABELLE.	Mlle. Tabraife.
COLOMBINE.	Mlle. Fiat.
LÉANDRE.	M. Beaulieu.
ARLEQUIN.	M. Volange.

La Scène est dans une Place publique, la Mer est au fond.

ARLEQUIN MUET,

COMÉDIE-PARADE.

Avant le lever de la toile on entend le tonnerre, & l'on joue la Tempête du Sorcier, & ma barque légère, au lever de la toile.

SCENE PREMIERE.

ARLEQUIN, *seul, en chemise & en parasol, se sauve à la nage.*

A LA fin me voilà débarqué, ce n'est pas sans peine. Ah ! le vilain chemin que cette mer ; pas un seul cabaret sur la route, pas le plus petit bouchon où l'on puisse se raffraîchir : avec cela une humidité qui vous tombe sur les épaules, & qui est capable de vous faire mal. Sans mon parasol, j'aurois été joliment mouillé ! Mais heureusement je suis arrivé où je voulois venir, car c'est Venise ceci ; oh ! oui, c'est sûrement Venise ; il ne s'agit plus que de trouver Monsieur Léandre, & d'exécuter les ordres de Monsieur son père. Comme je suis fait !..... les voyages dans la mer dérangent furieusement une toilette. Tenez, les foles n'ont elles pas mangé ma chemife ! Ah ! petites friandes, on vous en donnera, revenez-y. Mais que diable ! je fens quelque chofe qui me trotte dans la tête ; voyez, c'eft un poiffon qui eft refté dans mon bonnet. Je fuis fûr qu'en me déshabillant je vais trouver quelque turbot. (*Il éternue.*) Je fuis enrhumé par-deffus le marché ; cette diable de mer, cela ne vaut rien pour la poitrine. (*Il éternue.*) Je fuis enrhumé, c'eft clair. Allons, allons vite au cabaret me fécher un peu, & puis.....

SCENE II.

ARLEQUIN, LÉANDRE.

LÉANDRE.

EH ! mais, c'eft Arlequin ; mon pauvre ami, comme te voilà fait. Par quel hafard dans ce pays-ci ?

ARLEQUIN.

Par le hafard d'un naufrage, d'une tempête terrible. Monfieur votre père, le diable, enfin me voilà. Mais vous, eft-ce que vous êtes ici auffi ?

LÉANDRE.

Tu le vois bien, mon cher ami. Mon père m'a contraint de fuir fa maifon par le ridicule mariage auquel il vouloit me forcer ; tu fus le témoin de ma réfiftance. Mais dis-moi comment je te trouve à Venife, toi que mon père aimoit tant, toi.....

ARLEQUIN.

C'eſt donc Veniſe ceci ?

LÉANDRE.

Oui.

ARLEQUIN.

Oh ! je m'en doutois bien , & je l'ai reconnu tout
de ſuite.

LÉANDRE.

Comment ! Etois-tu déjà venu ici ?

ARLEQUIN.

Non ; mais j'ai eu un frère qui avoit envie d'y
venir.

LÉANDRE.

Dis-moi donc le ſujet qui t'amène ?

ARLEQUIN.

C'eſt Monſieur votre père qui m'envoye vous
dire qu'il vous pardonne toutes vos extravagances ,
à condition que vous allez me ſuivre & retourner à
la maiſon paternelle.

LÉANDRE.

Cela m'eſt impoſſible.

ARLEQUIN.

Mais écoutez donc ; ſçavez-vous que je ſuis Am-
baſſadeur de votre père. C'eſt moi qui l'ai appaiſé ,
lorſque vous décampâtes au moment d'épouſer Mademoiſelle Angélique , & cela n'étoit pas aiſé. Comment , diſoit-il , la veille de ſes noces s'en aller ſans
rien dire , abandonner une Demoiſelle de condition
qui compte ſur lui, qui lui fait honneur ; & cela,

pour aller fuivre une Mademoifelle Ifabelle , une guenon qui n'a.....

LÉANDRE.

Monfieur Arlequin.....

ARLEQUIN.

C'eft Monfieur votre père qui parle, ce n'eft pas moi, il faut qu'un hiftorien foit fidèle.

LÉANDRE.

Eh bien?

ARLEQUIN.

Pour aller fuivre une guenon qui n'a ni fortune ni naiffance : je fuis bien malheureux d'avoir pour fils un coquin , un garnement..... C'eft toujours Monfieur votre père qui parle : je le laiffai dire, enfuite, petit-à-petit je lui rappellai fon ancienne tendreffe pour vous, les bonnes qualités que je vous connois ; j'exagerai même de beaucoup cet article là, mais l'on peut mentir pour fervir fes amis. Enfin dans un bon moment, il me dit, mon cher Arlequin, voilà de l'argent, cours à Venife, tu y trouveras fûrement mon fils, puifque fon Ifa-belle y demeure, dis-lui de revenir près de moi, dis-lui que j'oublie tout, & que fi la main d'Ifa-belle eft abfolument néceffaire à fon bonheur, je confens même qu'il l'époufe. Voilà, Monfieur, ce que j'ai fait pour vous.

LÉANDRE.

Hélas! mon ami, je te remercie ; mais Ifabelle dépend de fon Tuteur Monfieur Caffandre, & ce malheureux Vieillard ne voudra jamais me la don-ner pour femme : il en eft lui-même amoureux.

ARLEQUIN.

Raison de plus pour que vous foyez aimé.

LÉANDRE.

Ce n'eft pas là ce qui m'inquiéte, je fuis fûr du cœur d'Ifabelle ; mais Monfieur Caffandre eft un tygre de jaloufie ; à force d'argent j'avois mis fon valet dans nos intérêts ; hier matin le cruel vieillard a furpris une de mes lettres, & a chaffé le porteur avec une volée de coups de bâton pour fes gages.

ARLEQUIN.

Il fe fait fervir à bon marché, Monfieur Caffandre. Mais favez-vous ce qu'il faut faire, enlevons Mademoifelle Ifabelle & fauvons-nous chez Monfieur votre père.

LÉANDRE.

Eh ! mon ami, le moyen ? Dix cadenats s'oppofent à mon bonheur.

ARLEQUIN.

Oh ! dix cadenats, il n'y en a pas dix ; voyons ; comptons les : le cadenat de la rue, un ; le cadenat de l'antichambre, deux ; le cadenat de la chambre, trois ; mettons en quatre ; j'en ouvrirai trois moi, vous en ouvrirez peut-être bien un vous ?

LÉANDRE.

Ah ! mon ami, je te devrai la vie.

ARLEQUIN.

Ecoutez moi, je ne fuis pas connu dans ce pays-ci, vous dites que Monfieur Caffandre à renvoyé fon valet ; je vais me préfenter à lui pour le fervir ; je gagnerai fa confiance, & je trouverai peut-

A 4

être les moyens d'enlever Mademoiselle Isabelle.
A-t-elle une femme de chambre qui soit un peu
dans vos intérêts ?

LÉANDRE.

Oui, oui, Colombine fera tout ce que tu voudras.

ARLEQUIN.

C'est bon ; est-elle jolie Mademoiselle Colombine ?

LÉANDRE.

Charmante.

ARLEQUIN.

Votre affaire me devient personnel. Où demeure
Monsieur Cassandre ?

LÉANDRE.

Voilà sa maison... Je le vois qui vient ; il ne
faut pas qu'il nous apperçoive ensemble, adieu ; je
remets mon sort dans tes mains.

ARLEQUIN.

Non, je ne vous quitte pas, il faut que j'aille
faire une toilette, vous conviendrez que je suis
trop en négligé pour faire une première visite à
Monsieur Cassandre.

LÉANDRE.

Viens donc vite avec moi. (*Ils sortent d'un côté,
& Cassandre entre de l'autre.*)

SCENE III.

CASSANDRE, *seul.*

IL me femble avoir vu quelqu'un s'échapper; tout le monde confpire contre moi, tout le monde me trahit. Ah! mes clefs, mes clefs, vous êtes les feules fidelles, vous êtes tout mon efpoir. J'ai chaffé de chez moi un fourbe qui étoit d'intelligence avec mes ennemis, je réponds bien que celui qui le remplacera fera examiné de près, & s'il parvient à me tromper il faudra..... (*Il apperçoit Arlequin.*) Quelle eft cette figure grotefque ? Il rode autour de chez moi, il me regarde. C'eft fans doute quelque émiffaire; voyons un peu.

SCENE IV.

CASSANDRE, ARLEQUIN.

CASSANDRE.

QUE faites-vous là, mon ami ? eft-ce moi que vous demandez ?

ARLEQUIN.

Monfieur, je demande tout le monde, je fuis un pauvre diable échappé de l'efclavage, j'avois l'honneur d'être le chef des Eunuques noirs du Pacha d'Antioche; je gardois fi exactement les femmes de mon maître, qu'elles me déteftoient de tout leur cœur ; furtout une petite Françoife que le Pacha n'avoit pas encore regardée : ma foi, il eft venu un moment où le Pacha l'a regardée, elle a profité de ce moment pour obtenir l'ordre que je fuffe mis aux galères. Je me fuis heureufement échappé ; mais je meurs de faim & demande la charité en paffant, & toutes les femmes me la refufent fur ma mine.

CASSANDRE.

Cet homme-la eft un tréfor. Ecoute, mon ami, fi tu veux j'aurai foin de toi, tu deviendras mon premier domeftique ; mais à condition que tu recommenceras ton ancien métier, & que tu veilleras fur une jeune perfonne dont je compte faire ma femme.

ARLEQUIN.

Je le veux bien , Monfieur ; vous comptez donc n'en époufer qu'une.

CASSANDRE

Et combien veux-tu que j'en époufe ?

ARLEQUIN.

C'eft que le Pacha mon maître en avoit trente. Il eft vrai que c'étoit un très-grand feigneur, un Pacha à trois queues.

CASSANDRE.

Oh ! je ne fuis point un Pacha, & j'ai bien affez d'une femme.

ARLEQUIN.

Cela étant je n'aurai pas grand peine à vous répondre d'elle.

CASSANDRE.

Toute ma frayeur c'eſt qu'elle ne ſe défie d'un domeſtique donné de ma main, & j'imagine un moyen qui te gagneroit ſa confiance, mais tu ne voudras peut-être pas t'y ſoumettre.

ARLEQUIN.

Monſieur, j'ai déjà fait tant de ſacrifices pour ces dames, qu'un de plus ne me coûtera rien. De quoi s'agit-il ?

CASSANDRE.

Il faudroit contrefaire le muet ; ma femme qui te croiroit tel, ne ſe gêneroit pas devant toi, & tu ferois plus à même de me rapporter toutes les actions & toutes ſes paroles. Tu m'entends bien.

ARLEQUIN.

Oui, Monſieur, rien n'eſt ſi aiſé ; en arrivant chez vous je leur dirai que je ſuis muet.

CASSANDRE.

Tu ne m'entends point ; un muet ne dit rien ; il faudra que tu n'ouvres jamais la bouche devant Iſabelle, quelque queſtion que l'on te faſſe.

ARLEQUIN.

Oh, cela ſuffit.

CASSANDRE.

Et comment feras-tu pour répondre?

ARLEQUIN.

Pour repondre? Oh! voilà l'embarraſſant.

CASSANDRE.

Point du tout, on répond par ſigne. Tiens,

je m'en vais te montrer cela ; fuppofe que je fois
Ifabelle ; comment t'appelles-tu ? dis-moi ton nom.
Eh bien !

ARLEQUIN.

Comment voulez - vous que je vous dife mon
nom par fignes ?

CASSANDRE.

Mais c'eft moi qui te demande ton nom, ce
n'eft pas Ifabelle. Qu'il eft bête ?

ARLEQUIN.

Ah ! c'eft vous : je m'appelle Arlequin.

CASSANDRE.

Eh bien ! écoute-moi & fuppofe aƈtuellement
que je fuis Ifabelle. Je te dis, Arlequin avez-vous
fait la commiffion que je vous ai donné ? Tu réponds avec la tête hou, hou, hou.

ARLEQUIN.

Hou, hou, hou, c'eft clair.

CASSANDRE.

Voyons encore. Arlequin, mon ami, voulez-
vous m'aider à tromper mon mari ?

ARLEQUIN.

Hou, hou. C'eft cela n'eft-ce pas ?

CASSANDRE.

Oui excepté qu'il falloit faire ce figne là (*figne
qui dit non.*) ; mais c'eft ma faute, j'aurois dû te
l'avoir appris. Voyons encore, Arlequin, eft-il bien
vrai que vous êtes muet ?

ARLEQUIN.

(Signe de non.)

Hou, hou. Voyez-vous bien qu'il ne faut pas
me dire les chofes deux fois.

CASSANDRE.

Ce n'eft point cela; tu te trompes toujours, &
tu vois bien que tu te mets à parler tout de fuite;
non, mon ami, tu ne pourras jamais contrefaire
le muet. Ainfi je ne te·prendrai point.

ARLEQUIN.

Ah! Monfieur, je vous promets, je vous jure
que voilà qui eft fini, je ferai plus attentif, & je
n'ouvrirai pas la bouche. Effayez encore une fois &
fi vous n'êtes pas content vous me laifferez.

CASSANDRE,

Je le veux bien, nous allons voir. Arlequin,
mon mari eft-il forti ?

(ARLEQUIN, *(faifant figne que non.*)
Hou, hou.

CASSANDRE.

Fort bien. Avez-vous dinez, Arlequin ?

ARLEQUIN, *faifant figne que non.*
Hou, hou.

CASSANDRE.

A merveille. Et que voulez-vous manger à votre diner ?

ARLEQUIN.

Du macaroni.

CASSANDRE.

Vat-t-en au diable, tu es incorrigible.

ARLEQUIN.

Ah ! Monfieur, je vous demande mille fois pardon ; ayez la bonté.....

CASSANDRE.

Non, non, tu n'es bon à rien ; laiffe moi en repos. (*il veut s'en aller, Arlequin l'arrête.*

ARLEQUIN.

Eh bien , Monfieur, pour avoir le bonheur d'être à vous, il n'eft rien que je ne faffe. Et vous allez juger vous-même fi je mérite votre confiance. (*Il tire une aiguille & du fil.*)

CASSANDRE.

Que vas-tu faire ?

ARLEQUIN.

Ah ! Monfieur, j'ai tant d'envie de vous fervir, que je vais me coudre la bouche, afin de ne plus parler, & de vous contenter. (*Il fe coud la bouche.*)

CASSANDRE-

Ce pauvre malheureux ! Allons , je vais te pré-fenter tout de fuite à Ifabelle , & de ce moment tu ne la quitteras plus. (*il entre un inftant & re-vient avec Ifabelle & Colombine.*)

SCÈNE V.

CASSANDRE, ISABELLE, COLOMBINE,
ARLEQUIN.

CASSANDRE.

MA chère Ifabelle, voici le nouveau domeftique dont j'ai fait choix pour remplacer Scapin.
J'efpère.....

COLOMBINE.

Ah! l'épouvantable figure!

CASSANDRE.

Taifez-vous, Colombine, c'eft un fort honnête
garçon, à qui je fuis bien aife de faire du bien,
il eft doux, fidèle & n'étourdit pas de fon babil.
Car il eft muet.

COLOMBINE *furpriffe.*

Muet! Monfieur.

CASSANDRE.

Oui muet; vous ne comprenez pas cette infir-
mité-la vous; mais fongez à avoir pour lui tous
les égards poffibles, fans quoi....

COLOMBINE.

Oh! par ma foi, Monfieur, ceci devient trop fort.
Vous vous croyez apparamment tout-à-fait le Grand
Turc, car vous nous donnez des muets noirs pour
nous fervir. En confcience, vous eft-il permis d'être
jaloux à ce point la? vous qui feriez encore trop

heureux d'être trompé, car la peine que nous pren
drions pour cela auroit encore quelque chose de
flatteur que vous ne méritez pas : allez, je vous
déclare que jamais.....

CASSANDRE.

Et moi je vous ordonne de vous taire, enten-
dez-vous, babillarde ; imitez votre maîtresse, elle
ne se plaint pas, elle ne dit rien.

ISABELLE,

Ce n'est pas faute d'avoir à dire, Monsieur ?
pensez-vous, que je ne sois pas fatiguée de la
contrainte où vous me retenez ? croyez-vous que
je ne sois pas lasse de votre ridicule amour, & de
votre plus ridicule jalousie, vous aurez beau faire,
Monsieur ; vous aurez beau redoubler vos gril-
les, vos soins, vos soupirs, vos verroux, jamais
je ne serai votre femme & à la première occasion
qui s'offrira, je vous promets de ne rien épargner
pour me soustraire à un tiran aussi odieux que vous.

CASSANDRE.

Peste ! comme vous caquetez, Mademoiselle
Isabelle, rentrez, si vous voulez bien, dans votre
appartement, de longtems vous n'en sortirez ;
c'est moi qui vous en répond. (*Il rentre avec Isabelle, Arlequin retient Colombine.*)

SCENE

SCENE VI.
ARLEQUIN, COLOMBINE.

COLOMBINE.

Eh bien que voulez-vous.

ARLEQUIN, *coupe ses fils.*

Ouf, vous êtes charmante, j'étoufferois fi je ne vous le difois pas.

COLOMBINE.

Comment donc, vous parlez ; vous n'êtes donc pas muet ?

ARLEQUIN.

Si fait, je fuis muet ; mais vous êtes fi jolie que tous les muets du monde parleroient pour vous le dire.

COLOMBINE.

Mais tout à l'heure vous aviez l'air d'être muet, ou imbécile ; eft-ce nous, ou Monfieur Caffandre que vous trompez.

ARLEQUIN.

Je vous conterai tout cela, la parole ne fait que me revenir, & je veux l'employer à vous dire que je vous aime.

COLOMBINE.

La déclaration eft brufque.

ARLEQUIN.

Oh ! je vous raconte mon amour auffi vite comme je l'ai fenti.

B

COLOMBINE.

En vérité, vous êtes plaisant.

ARLEQUIN.

Il y a apparence que vous l'êtes aussi, car vous me plaisez beaucoup, aimable Colombine.

COLOMBINE.

Mais il faut se connoître avant de s'aimer.

ARLEQUIN.

Moi, je veux finir par vous connoître; mais vous avez là une bien jolie main.(*Lazzis.*) Est-elle à vous?

COLOMBINE.

A qui donc?

ARLEQUIN.

Tant mieux, & ces jolis cheveux, ce joli vi-sage, c'est à vous aussi?

COLOMBINE.

Je m'en flatte,

ARLEQUIN.

Je vous en fais mon compliment, & tout cela est donc à vous?

COLOMBINE.

Hélas! oui.

ARLEQUIN.

Si vous voulez vous en defaire, je m'en ac-comoderois moi.

COLOMBINE.

Vous m'amuseriez presque, si vous n'étiez pas si laid.

ARLEQUIN.

Moi, je fuis laid! c'eft comme il vous plaira ;
mais voyons ce que j'ai de fi laid ; mes yeux, par
exemple, il eft vrai qu'ils ne font pas fi beaux
que les vôtres, mais ils ont cela de commun avec
tous les yeux de ce monde? mon tein n'eft pas auffi
blanc que votre vifage, mais où en trouverez-
vous? ma bouche à la vérité eft un peu grande ;
avec mon aiguille & mon fil. je la rends auffi
petite que je veux, je la ferme même tout à-fait ;
& fi vous y réfléchiffez , cela eft très - commode
dans un amoureux, car je vous vois crac , crac , je
brife mes fils pour vous dire que je vous aime ;
vous venez à m'aimer crac , crac, je remets mes
fils pour ne le dire à perfonne.

COLOMBINE.

J'oublie, en vous écoutant, mes réfolutions &
mes affaires, mais...

ARLEQUIN.

J'entends Monfieur Caffandre, vîte cachez-vous
au coin de la rue, car il fe douteroit que vous
faites parler les muets.

SCENE VII.

ARLEQUIN CASSANDRE.

CASSANDRE, *ferme soigneusement la porte.*

Tu t'es conduit à merveille, mon ami, mais voici le moment où tu vas me devenir plus nécessaire que jamais.

ARLEQUIN.

Hou, hou, hou.

CASSANDRE.

Ah! décous ta bouche, je t'en prie, je viens ici pour parler avec toi.

ARLEQUIN, *defait ses fils.*

Ouf, ma langue est toute engourdie. (*Il éternue.*)

CASSANDRE.

Mon cher Arlequin, je vais te confier un grand secret; j'ai le projet d'épouser Isabelle dès ce soir-même, & je m'envais dans ce dessein faire dresser mon contrat de mariage, ensuite je reviendrai prendre Isabelle, & je la conduirai chez mon Notaire sous un prétexte. D'ici là, mon ami, je te recommande de faire sentinele à ma porte de peur que quelque galant....

ARLEQUIN.

Ah diable! fiez-vous à moi; s'il en entre quelqu'un, je consens à retourner aux galères.

CASSANDRE.

Sitôt après mon mariage, je veux laisser un peu

de liberté à ma femme les deux ou trois premiers jours, & c'eſt ſurtout alors qu'il faudra me rapporter toutes ſes paroles, tous ſes geſtes, toutes ſes actions.

ARLEQUIN.

Soyez tranquille, je ne laiſſerai rien paſſer que je ne prenne au vol; dès qu'elle ouvrira la bouche ma main ſera là, & crac la parole dans mon chapeau; elle ſe mettra en colère, la colère dans mon chapeau, elle me donnera un ſoufflet, un coup de pied, crac le ſoufflet & le coup de pied dans le cul de mon chapeau, & quand le chapeau ſera plein, je vous le porterai, vous choiſirez là dedans paroles, ſoufflets, coup de pied; je vous donnerai tout moi.

CASSANDRE.

Je compte ſur ta fidélité, & elle ne reſtera pas ſans récompenſe, ſonges à ce que je t'ai dit. (*Il ſort.*)

SCENE VIII.

ARLEQUIN, COLOMBINE.

ARLEQUIN, *appellant.*

Mademoiselle Colombine, Mademoiſelle Coombine.

COLOMBINE.

Eh bien! me voilà.

ARLEQUIN.

Vous venez d'entendre notre converfation , & vous jugez bien que je ne fuis ici que pour fervir Léandre.

COLOMBINE.

Comment ?

ARLEQUIN.

Sans doute; mais avant de parler des affaires de mon maître, parlons des miennes; croyez-vous que vous pourrez m'aimer?

COLOMBINE.

Que fait-on? avec du tems & de la patience on vient à bout de tout.

ARLEQUIN.

Non pas de l'amour, au contraire le tems & la patience le font en aller; mais écoutez, j'appartiens au père de Monfieur Léandre, je fuis fon premier domeftique, fon majordonne, j'ai une petite fortune affez honnête, mon âge n'eft pas mal non plus, je n'ai pas encore trente ans, Du côté de l'efprit vous en pouvez juger. Avec cela & les avantages que j'ai reçu de la nature, plufieurs partis font venus me fauter à la tête, moi, j'ai toujours refufé, parce que je croyois trouver mieux; à préfent que je vous ai trouvé je n'efpère plus rien.

COLOMBINE.

Moi je n'ai pas encore vingt-quatre ans, je n'ai pas de fortune, je n'ai point d'amoureux, vous voyez que je fuis bien moins riche que vous.

ARLEQUIN.

J'ai peur que vous n'exageriez votre pauvreté; mais sans calculer notre mérite réciproque, si vous voulez n'en faire qu'un seul & même mérite, il en vaudroit beaucoup mieux; qu'en dites-vous ?

COLOMBINE.

C'est une règle d'arithmétique que vous me proposez ?

ARLEQUIN.

A peu-près : Eh bien ?

COLOMBINE.

Eh bien nous compterons nous deux.

ARLEQUIN.

Ah ! voilà parler cela. (*Il lui baise la main.*

SCENE IX.

COLOMBINE, ARLEQUIN, LÉANDRE.

LÉANDRE.

C'EST donc ainsi, Monsieur Arlequin, que vous vous occupez de mes affaires.

ARLEQUIN.

Ah ! Monsieur, j'y pensois, demandez plutôt à Colombine.

COLOMBINE.

Ma foi, Monsieur, elles ne vont pas bien, Monsieur Cassandre veut épouser Mademoiselle Isabelle dès ce soir.

B 4

LÉANDRE.
Dès ce foir?

ARLEQUIN.
Oh ! mon dieu oui, le contrat fe fait à préfent.

LEANDRE.
Eh ! que faire, mes chers amis, que devenir ?

ARLEQUIN.
Ma foi, je n'en fais rien.

COLOMBINE.
Ni moi non plus, à moins que Mademoifelle Ifabelle ne fit femblant d'être malade, nous gagnetions peut-être du tems.

LÉANDRE.
Qu'en dis-tu, Arlequin? (*Ici la nuit.*)

ARLEQUIN.
Tout cela ne vaut rien : vous êtes bêtes vous autres. Ecoutez - moi; mais prenons garde que Monfieur Caffandre ne vienne nous furprendre.

COLOMBINE.
J'y veillerai, parle toujours.

ARLEQUIN.
Monfieur Caffandre m'a conté lui-même fes projets, il eft allé chez le Notaire faire arranger le contrat de manière qu'il n'y eut plus que les noms à mettre; or..... Qu'eft-ce qui me touche donc?

COLOMBINE.
C'eft moi, c'eft moi.

ARLEQUIN.

Ah! c'eſt vous; touchez, touchez..... Dès que Monſieur Caſſandre aura tout arrangé, il va venir prendre Mademoiſelle Iſabelle pour la mener.ſigner; alors... Qu'eſt ce qui me gratte donc?

COLOMBINE.

Eh c'eſt moi.

ARLEQUIN.

Ah! c'eſt vous ; grattez, grattez..... Monſieur Caſſandre ne doit pas tarder à revenir ; je l'amuſerai un peu pour que la nuit ſoit encore plus avancée, & dès qu'il aura pris Mademoiſelle Iſabelle ſous ſon bras, je tâcherai de l'éloigner d'elle un moment; vous qui ſerez caché par ici, vous en profiterez pour enlever Mademoiſelle Iſabelle. Mais il faut qu'elle le veuille au moins.

COLOMBINE.

Ah! elle le voudra, j'en réponds.

ARLEQUIN.

A la bonne heure, qui répond paye. Soyez tranquille, j'entends Monſieur Caſſandre, cachez-vous là bas, & ſurtout taiſez-vous.

SCENE X.

CASSANDRE , ARLEQUIN , LÉANDRE , COLOMBINE.

CASSANDRE.

Tout est fini, mon cher Arlequin, il n'y a plus qu'à signer. Je viens prendre Isabelle. N'est il venu personne ?

ARLEQUIN.

Non ; mais j'ai eu une terrible frayeur.

CASSANDRE.

Comment ?

ARLEQUIN.

A peine avez-vous été parti que j'ai voulu voir à quoi s'occupoit Mademoiselle Isabelle dans son appartement, j'ai été regarder par le trou de la serrure , & vous n'imagineriez pas ce que j'ai vu.

CASSANDRE.

Et qu'as tu donc vu , parles vîte ?

ARLEQUIN.

Monsieur, j'ai vu Mademoiselle Isabelle qui se promenoit dans sa chambre ; mais elle ne s'y promenoit pas seule , & à côté d'elle il y avoit un petit Monsieur qui se promenoit avec elle.

CASSANDRE.

Cela n'est pas possible , j'ai la clef dans ma poche.

ARLEQUIN.

Voilà ce qui m'étonnoit aussi ; mais cependant ce petit Monsieur étoit avec elle.

CASSANDRE.

Le connois-tu ce petit Monsieur ? quel habit avoit-il ?

ARLEQUIN.

Je ne le connois point ; il avoit un habit grisâtre avec une veste blanche. C'étoit sûrement un Officier d'Hussards, car il avoit des crocs & un petit sabre qui alloit toujours comme çà.

CASSANDRE.

Un Officier d'Hussards ! tu me fais trembler. Mon ami, les as-tu bien examinés ?

ARLEQUIN.

Oh ! je ne les ai pas perdu de vue un moment. Le petit Monsieur ne disoit rien, il se promenoit à côté d'elle & toujours le petit sabre qui alloit ; ils ont fait comme çà une douzaine de tours.

CASSANDRE.

Sans rien dire du tout ?

ARLEQUIN.

Sans parler une seule parole ; mais toujours le petit sabre.

CASSANDRE.

Ensuite ?

ARLEQUIN.

Ensuite, j'ai vu Mademoiselle Isabelle qui a été se mettre sur le canapé.

CASSANDRE.

Sur le canapé ! & ce Monſieur ?

ARLEQUIN.

Le petit chien , Monſieur , l'a ſuivie & toujours le petit ſabre , il s'eſt mis à ſes pieds bien douce- ment , & puis.....

CASSANDRE.

Ah ! Grands Dieux ! & puis.....

ARLEQUIN.

Et puis elle lui a fait ſigne de venir ſur le cana- pé , & zeſte il a ſauté ſur le canapé.

CASSANDRE.

Eh bien ?

ARLEQUIN.

Eh bien , heureuſement le petit Monſieur s'eſt mis à faire *miau* , *miau* ; alors je me ſuis douté que c'étoit le petit chat , & effectivement c'étoit le chat.

CASSANDRE.

Le diable t'emporte ; tu m'as donné-là une ter- rible allerte. Attends-moi-là , je vais chercher Iſa- belle.

SCENE XI.

ARLEQUIN , LÉANDRE , COLOMBINE.

ARLEQUIN.

IL fait nuit à préſent , ne bougez pas & attendez le moment favorable.

SCENE XII & *dernière.*

LES PRÉCÉDENTS, CASSANDRE, ISABELLE.

CASSANDRE.

Ma chère Isabelle, une de vos parentes vient d'arriver, elle est impatiente de vous voir & je vais vous conduire chez elle.

ISABELLE.

Non, Monsieur; par la nuit qu'il fait, je ne mettrai pas les pieds dans la rue, seule avec vous.

CASSANDRE.

Eh bien, ma chère amie, si vous avez peur, il n'y a qu'à appeller Colombine. Colombine, Colombine?

ISABELLE.

Elle est dans sa chambre, Monsieur, elle ne vous entend pas.

CASSANDRE.

Arlequin, vas lui dire de descendre.

ARLEQUIN.

Hou, hou, hou.

ISABELLE.

Vous oubliez déjà qu'il est muet.

CASSANDRE.

Je suis un sot. Arlequin, prenez le bras de Mademoiselle, & attendez-moi là, je ne fais que monter & defcendre. (*Il entre dans la maifon, Arlequin l'y enferme.*

ARLEQUIN.

Sangodemi , le hazard vaut mieux que l'adreffe.

LÉANDRE, *accourant.*

Belle Ifabelle, voici le feul moment peut-être que la fortune & l'amour nous offriront, daignez en profiter, & venir figner notre bonheur.

ISABELLE.

Ah ! Léandre , l'amour eft ma moindre excufe, mais lui feul me feroit tout faire.

CASSANDRE, *à la fenêtre.*

La porte eft fermée ! Au fecours, Arlequin, je fuis trahi. Ifabelle, Arlequin.

LÉANDRE.

Monfieur, je me nomme Léandre, permettez-moi de vous remercier du contrat de mariage que vous avez pris foin de faire dreffer, Mademoifelle Ifabelle & moi, nous allons en profiter ; & ce bienfait de votre part ajoute à la reconnoiffance avec laquelle j'ai l'honneur d'être, Monfieur, votre très-humble & très-obéiffant ferviteur.

CASSANDRE.

Je ne vous connoîs, pas, allez-vous en au diable, Arlequin, Ifabelle ; où êtes-vous donc ?

ISABELLE.

Ne criez pas fi fort, Monfieur, je vous entends ; je fuis avec Monfieur Léandre, & je n'en partirai point fans vous remercier de toutes vos bontés,

foyez bien fûr que je ne les oublirai de ma vie,
& que j'aurai toujours l'honneur d'être, Monfieur,
votre très-humble & très-obéiffante fervante.

CASSANDRE.

Ah! fçélerate, fi je puis jamais te rattrapper...
mais Arlequin mon ami, Arlequin, réponds-moi
donc.

ARLEQUIN.

Je n'ofe pas, Monfieur, parce qu'ils verroient
bien que je ne fuis pas muet, & adieu nos projets.

CASSANDRE.

Malheureux! viens m'ouvrir tout-à-l'heure.

ARLEQUIN.

Je ne peux pas, Monfieur, ils me tiennent....
Laiffez-moi donc lui ouvrir la porte, Mademoifelle Colombine; elle ne veut pas, Monfieur; par-
lez-lui donc.

CASSANDRE.

Colombine..... ah! traîtreffe! fi je pouvois defcendre.....

COLOMBINE.

Ne vous donnez pas cette peine, Monfieur; &
foyez perfuadé que perfonne n'eft plus que moi
votre très-humble & très-obéiffante fervante.....

CASSANDRE.

Je fuis défefpéré!..... maudit Arlequin!..... Que
devenir? Je n'ai d'autre parti à prendre que de
me jetter dans la mer.

ARLEQUIN, *à Léandre.*

J'ai peur qu'il ne s'y jette pas, ainsi croyez-moi, allons nous embarquer, & retournons à Naples, finir la noce chez Monsieur votre père. Quant à nous, ma chère Colombine, vous m'avez fait retrouver la parole pour vous dire que je vous aimois, je vous fais le serment d'être muet touté ma vie avec toute autre que vous.

F I N.

APPROBATION.

Lu & approuvé ce 28 Août 1786. SUARD.

Vu l'Approbation, permis d'imprimer ce 29 Août 1786. DE CROSNE.